वाणी प्रकाशन ग्रुप

भारतीय ज्ञानपीठ

वाणी प्रकाशन : भारतीय ज्ञानपीठ की पुस्तकों के एकमात्र प्रकाशक एवं वितरक

ठण्डा लोहा

तथा अन्य कविताएँ

इक लोहा
पूजा में राखत
इक घर बधिक परो,
पारस गुन अवगुन
नहिं चितवत
कंचन करत खरो,
मोरे अवगुन चित न धरो!
—'सूर'

ठण्डा लोहा

तथा अन्य कविताएँ

धर्मवीर भारती

वाणी प्रकाशन ग्रुप
भारतीय ज्ञानपीठ

वाणी प्रकाशन : भारतीय ज्ञानपीठ की पुस्तकों के एकमात्र प्रकाशक एवं वितरक

सजिल्द सातवाँ संस्करण : 2012
सजिल्द आठवाँ संस्करण : 2024

लोकोदय ग्रन्थमाला : ग्रन्थांक 290

प्रकाशक
वाणी प्रकाशन ग्रुप
4695, 21-ए, दरियागंज, नयी दिल्ली-110 002
फ़ोन : 011-23273167, 23275710
ईमेल : sales@vaniprakashan.in

ISBN : 978-93-5775-617-4 (N)
978-93-263-5013-6 (O)

ठण्डा लोहा
(कविता-संग्रह)
धर्मवीर भारती

Thanda Loha
(Poetry)
by Dharmveer Bharti

मुद्रक : आर. टेक ऑफ़सेट प्रिंटर्स, दिल्ली-110 032

Price : INR. 295

इन कविताओं के विषय में मुझे विशेष कुछ नहीं कहना है। मैं कविताएँ बहुत कम लिख पाता हूँ और अकसर कुछ लिख लेने के बाद मौन का एक बहुत लम्बा व्यवधान बीच में आ जाता है जिससे अगले क्रम की कविताओं और पिछले क्रम की कविताओं का तारतम्य टूटा-टूटा-सा लगने लगता है। इस संग्रह में दी गयी कविताएँ मेरे पिछले छह वर्षों की रचनाओं में से चुनी गयी हैं और चूँकि यह समय अधिक मानसिक उथल-पुथल का रहा, अतः इन कविताओं में स्तर, भावभूमि, शिल्प और टोन की काफी विविधता मिलेगी। एकसूत्रता केवल इतनी है कि सभी मेरी कविताएँ हैं, मेरे विकास और परिपक्वता के साथ उनके स्वर बदलते गये हैं; पर आप जरा ध्यान से देखेंगे तो सभी में मेरी आवाज पहचानी-सी लगेगी।

मैं अपने को स्वतः में सम्पूर्ण, निस्संग, निरपेक्ष, सत्य नहीं मानता। मेरी परिस्थितियाँ, मेरे जीवन में आने और आकर चले जानेवाले लोग, मेरा समाज, मेरा वर्ग, मेरे संघर्ष, मेरी समकालीन राजनीति और समकालीन साहित्यिक प्रवृत्तियाँ, इन सभी का मेरे और मेरी कविता के रूप-गठन और विकास में प्रत्यक्ष या अप्रत्यक्ष भाग रहा है। मैं और मेरी कविता तो चाक पर चढ़ी हुई गीली मिट्टी हैं जिसमें से 'अनजान उँगलियाँ' धीरे-धीरे मनचाहा रूप निकाल रही हैं।

इसी सतत निर्माण और विकास को ध्यान में रखकर मैंने कहा है कि 'ये गलियाँ थीं जिनसे होकर मैं गुजर चुका।' यद्यपि आज मेरा मन उस भूमि पर है जो 'कवि और अनजान पगध्वनियाँ' या 'कलाकार से' या 'फूल, मोमबत्तियाँ, सपने' की भावभूमि है : पर जिन गलियों से मैं गुजर चुका हूँ उनका महत्त्व कतई कम नहीं होता, क्योंकि उन्हीं से गुजरकर मैं यहाँ तक पहुँचा हूँ। किशोरावस्था के प्रणय, रूपासक्ति और आकुल निराशा से एक पावन, आत्मसमर्पणमयी वैष्णव भावना और उसके माध्यम से अपने मन के अहम् का शमन कर अपने से बाहर की व्यापक सचाई को हृदयंगम करते हुए संकीर्णताओं और कट्टरता से ऊपर एक जनवादी भावभूमि की खोज—मेरी इस छन्द-यात्रा के यही प्रमुख मोड़ रहे हैं।

सबसे पिछला मोड़ 'कवि और अनजान पगध्वनियाँ' में स्पष्ट उभर आया है। इस मोड़ का प्रारम्भ 'ठण्डा लोहा' से हुआ था। वही इस संग्रह की प्रथम

कविता है और उसी पर संग्रह का भी नामकरण हुआ है। चयन के क्रम में कई कारणों से रचनाकाल का आधार नहीं रखा जा सका। इधर की नवीनतम कविताएँ इस संग्रह में नहीं दी गयीं क्योंकि वे एक नये विकास-क्रम का सूत्रपात करती हैं।

मेरे जिन कवि मित्रों या आलोचक बन्धुओं ने समय-समय पर मेरी कविताओं का विश्लेषण कर उनके विषय में बहुमूल्य सुझाव दिये हैं, उनकी न्यूनताओं और दोषों की ओर मेरा ध्यान आकर्षित किया है, उनका मैं हृदय से आभारी हूँ। जिन्होंने किसी भी दलगत अथवा व्यक्तिगत पूर्वधारणा के कारण बिना उनका सम्यक् विश्लेषण किये हुए ही उन पर निर्णय दिये हैं, उनका भी मैं आभारी हूँ, क्योंकि ऐसे निर्णयों का भी अपना एक अलग ही रस होता है। प्रार्थना करता हूँ कि वे ऐसी पूर्वधारणाओं से मुक्त हों ताकि उनसे मुझे अधिक ठोस और उपयोगी सुझाव मिल सकें जो मेरे विकास और परिमार्जन में सचमुच सहायक सिद्ध हों।

मैं अपना पथ बना रहा हूँ। जिन्दगी से अलग रहकर नहीं, जिन्दगी के संघर्षों को झेलता हुआ, उसके दुःख-दर्द में एक गम्भीर अर्थ ढूँढ़ता हुआ, और उस अर्थ के सहारे अपने को जनव्यापी सचाई के प्रति अर्पित करने का प्रयास करता हुआ। कवि का जीवन, कवि की वाणी, अर्पित जीवन और अर्पित वाणी होते हैं। आशीर्वाद चाहता हूँ कि धीरे-धीरे मैं और मेरी कलम एक निर्मल और सशक्त माध्यम बन सकें जिससे विराट् जीवन, उसका सुख-दुःख, उसकी प्रगति और उसका अर्थ व्यक्त हो सके। यही मेरी कविता की सार्थकता होगी।

[प्रथम संस्करण की भूमिका]

—धर्मवीर भारती

पता नहीं
बँधे हुए हाथ
समर्पण ग्रहण करने के लिए
उठ पाएँ, न उठ पाएँ
यही सोचकर
इस कृति को असमर्पित ही
रहने दिया जाता है !

अनुक्रम

ठण्डा लोहा

तथा अन्य कविताएँ

ठण्डा लोहा

ठण्डा लोहा! ठण्डा लोहा! ठण्डा लोहा!
मेरी दुखती हुई रगों पर ठण्डा लोहा!
मेरी स्वप्न-भरी पलकों पर
मेरे गीत-भरे होठों पर
मेरी दर्द-भरी आत्मा पर
स्वप्न नहीं अब
गीत नहीं अब
दर्द नहीं अब—
एक पर्त ठण्डे लोहे की!
मैं जमकर लोहा बन जाऊँ—
हार मान लूँ—
यही शर्त ठण्डे लोहे की!

ओ मेरी आत्मा की संगिनि!
तुम्हें समर्पित मेरी साँस-साँस थी लेकिन
मेरी साँसों में यम के तीखे नेजे-सा
कौन अड़ा है?
ठण्डा लोहा!
मेरे और तुम्हारे सारे भोले निश्छल विश्वासों को
आज कुचलने कौन खड़ा है?
ठण्डा लोहा!
फूलों से, सपनों से, आँसू और प्यार से
कौन बड़ा है?
ठण्डा लोहा!

ओ मेरी आत्मा की संगिनि!
अगर जिन्दगी की कारा में,
कभी छटपटाकर मुझको आवाज लगाओ
और न कोई उत्तर पाओ
यही समझना कोई इसको धीरे-धीरे निगल चुका है,
इस बस्ती में कोई दीप जलानेवाला नहीं बचा है,
सूरज और सितारे ठण्डे
राहें सूनी
विवश हवाएँ
शीश झुकाये
खड़ी मौन हैं,
बचा कौन है?

ठण्डा लोहा! ठण्डा लोहा! ठण्डा लोहा!

तुम्हारे चरण

ये शरद के चाँद-से उजले धुले-से पाँव,
मेरी गोद में!
ये लहर पर नाचते ताज़े कमल की छाँव,
मेरी गोद में!
दो बड़े मासूम बादल, देवताओं से लगाते दाँव,
मेरी गोद में!

रसमसाती धूप का ढलता पहर,
ये हवाएँ शाम की, झुक-झूमकर बरसा गयीं
रोशनी के फूल हरसिंगार-से,
प्यार घायल साँप-सा लेता लहर,
अर्चना की धूप-सी तुम गोद में लहरा गयीं,
ज्यों झरे केसर तितलियों के परों की मार से,
सोनजूही की पँखुरियों से गुँथे, ये दो मदन के बान,
मेरी गोद में!
हो गये बेहोश दो नाज़ुक, मृदुल तूफ़ान,
मेरी गोद में!

ज्यों प्रणय की लोरियों की बाँह में,
झिलमिलाकर औ' जलाकर तन, शमाएँ दो,
अब शलभ की गोद में आराम से सोयी हुईं
या फ़रिश्तों के परों की छाँह में
दुबकी हुई, सहमी हुई, हों पूर्णिमाएँ दो,
देवताओं के नयन के अश्रु से धोयी हुईं।

चुम्बनों की पाँखुरी के दो जवान गुलाब,
मेरी गोद में!
सात रंगों की महावर से रचे महताब,
मेरी गोद में!

ये बड़े सुकुमार, इनसे प्यार क्या?
ये महज आराधना के वास्ते,
जिस तरह भटकी सुबह को रास्ते
हरदम बताये हैं रुपहरे शुक्र के नभ-फूल ने,
ये चरण मुझको न दें अपनी दिशाएँ भूलने!
ये खँडहरों में सिसकते, स्वर्ग के दो गान, मेरी गोद में!
रश्मि-पंखों पर अभी उतरे हुए वरदान, मेरी गोद में!

प्रार्थना की कड़ी

प्रार्थना की एक अनदेखी कड़ी
बाँध देती है
तुम्हारा मन, हमारा मन,
फिर किसी अनजान आशीर्वाद में—
डूबकर
मिलती मुझे राहत बड़ी!

प्रात सद्यःस्नात
कन्धों पर बिखेरे केश
आँसुओं में ज्यों
धुला वैराग्य का सन्देश
चूमती रह-रह
बदन को अर्चना की धूप
यह सरल निष्काम
पूजा-सा तुम्हारा रूप
जी सकूँगा सौ जनम अँधियारियों में, यदि मुझे
मिलती रहे
काले तमस् की छाँह में
ज्योति की यह एक अति पावन घड़ी!
प्रार्थना की एक अनदेखी कड़ी!

चरण वे जो
लक्ष्य तक चलने नहीं पाये
वे समर्पण जो न
होठों तक कभी आये

कामनाएँ वे नहीं
जो हो सकीं पूरी—
घुटन, अकुलाहट,
विवशता, दर्द, मजबूरी—
जन्म-जन्मों की अधूरी साधना. पूर्ण होती है
किसी मधु-देवता
की बाँह में!
जिन्दगी में जो सदा झूठी पड़ी—
प्रार्थना की एक अनदेखी कड़ी!

उदास तुम

तुम कितनी सुन्दर लगती हो
जब तुम हो जाती हो उदास!
ज्यों किसी गुलाबी दुनिया में सूने खँडहर के आसपास
मदभरी चाँदनी जगती हो!

मुँह पर ढँक लेती हो आँचल
ज्यों डूब रहे रवि पर बादल,
या दिन-भर उड़कर थकी किरन,
सो जाती हो पाँखें समेट, आँचल में अलस उदासी बन!
दो भूले-भटके सान्ध्य-विहग, पुतली में कर लेते निवास!
तुम कितनी सुन्दर लगती हो
जब तुम हो जाती हो उदास!

खारे आँसू से धुले गाल
रूखे हलके अधखुले बाल,
बालों में अजब सुनहरापन,
झरतीं ज्यों रेशम की किरनें, संझा की बदरी से छन-छन!
मिसरी के होठों पर सूखी किन अरमानों की विकल प्यास!
तुम कितनी सुन्दर लगती हो
जब तुम हो जाती हो उदास!

भँवरों की पाँतें उतर-उतर
कानों में झुककर गुनगुनकर

हैं पूछ रहीं—'क्या बात सखी?
उन्मन पलकों की कोरों में क्यों दबी ढँकी बरसात सखी?
चम्पई वक्ष को छूकर क्यों उड़ जाती केसर की उसाँस?'
तुम कितनी सुन्दर लगती हो
ज्यों किसी गुलाबी दुनिया में सूने खँडहर के आसपास
मदभरी चाँदनी जगती हो!

उदास मैं

उन्मन मन पर एक अजब-सा अलस उदासी भार!

मुँदती पलकों के कूलों पर जल-बूँदों का शोर
मन में उठती गुपचुप पुरवैया की मृदुल हिलोर
कि स्मृतियाँ होतीं चकनाचूर
हृदय से टकराकर भरपूर
उमड़-घुमड़कर घिर-घिर आता है बरसाती प्यार!
उन्मन मन पर एक अजब-सा अलस उदासी भार!

नील धुएँ से ढँक जाती उज्ज्वल पलकों की भोर
स्मृतियों के सौरभ से लदकर चलती श्वास झकोर
कि रुक जाता धड़कन का तार
कि झुक जाती सपनों की डार
छितरा जाता कुसुम हृदय का ज्यों गुलाब बीमार
उन्मन मन पर एक अजब-सा अलस उदासी भार!

स्वर्ण-धूल स्मृतियों की नस की रस-बूँदों में आज
गुँथी हुई है ऐसे जैसे प्रथम प्रणय में लाज,
बोल में अजब दरद के स्वर,
कि जैसे मरकत शय्या पर
पड़ी हुई हो घायल कोई स्वर्ण-किरन सुकुमार!

उन्मन मन पर एक अजब-सा अलस उदासी भार!

डोले का गीत

अगर डोला कभी इस राह से गुजरे कुवेला
यहाँ अँबवा तरे रुक
एक पल विश्राम लेना
मिलो जब गाँव-भर से, बात कहना, बात सुनना
भूलकर मेरा
न हरगिज नाम लेना,
अगर कोई सखी कुछ ज़िक्र मेरा छेड़ बैठे
हँसी में टाल जाना बात
आँसू थाम लेना!

शाम बीते, दूर जब भटकी हुई गायें रँभाएँ
नींद में खो जाय जब
खामोश डाली आम की
तड़पती पगडण्डियों से पूछना मेरा पता—
तुमको बताएँगी कथा मेरी,
व्यथा हर शाम की,
पर न अपना मन दुखाना, मोह क्या उससे
कि जिसका नेह टूटा, गेह छूटा
हर नगर परदेश है जिसके लिए अब
हर डगरिया राम की!

भोर फूटे, भाभियाँ जब गोद-भर आशीष दे दें
ले विदा अमराइयों से
चल पड़े डोला हुमच कर

है कसम तुमको, तुम्हारे कोंपलों-से नैन में आँसू न आएँ
राह में पाकड़ तले
सुनसान पा कर
प्रीत ही सब-कुछ नहीं है, लोक की मरजाद है सबसे बड़ी
बोलना रुँधते गले से—
'ले चलो! जल्दी चलो! पी के नगर!'

पी मिलें जब
फूल-सी उँगली दबाकर चुटकियाँ लें और पूछें—
'क्यों?
कहो कैसी रही जी, यह सफर की रात?'
हँसकर टाल जाना बात!
हँस कर टाल जाना बात, आँसू थाम लेना!
यहाँ अँबवा तरे रुक एक पल विश्राम लेना!
अगर डोला कभी इस राह से गुजरे!

फागुन की शाम

घाट के रस्ते
उस बँसवट से
इक पीली-सी चिड़िया
उसका कुछ अच्छा-सा नाम है!

मुझे पुकारे!
ताना मारे,
भर आएँ आँखड़ियाँ!
उन्मन, ये फागुन की शाम है!

घाट की सीढ़ी तोड़-फोड़ कर बन-तुलसा उग आयीं
झुरमुट से छन जल पर पड़ती सूरज की परछाईं
तोतापंखी किरनों में हिलती बाँसों की टहनी
यहीं बैठ कहती थी तुमसे सब कहनी-अनकहनी

आज खा गया बछड़ा माँ की रामायन की पोथी!
अच्छा अब जाने दो मुझको घर में कितना काम है!

इस सीढ़ी पर, यहीं जहाँ पर लगी हुई है काई
फिसल पड़ी थी मैं, फिर बाँहों में कितना शरमायी!
यहीं न तुमने उस दिन तोड़ दिया था मेरा कंगन!
यहाँ न आऊँगी अब, जाने क्या करने लगता मन!

लेकिन तब तो कभी न हममें तुममें पल-भर बनती!
तुम कहते थे जिसे छाँह है, मैं कहती थी घाम है!

अब तो नींद निगोड़ी सपनों-सपनों भटकी डोले
कभी-कभी तो बड़े सकारे कोयल ऐसे बोले
ज्यों सोते में किसी विषैली नागिन ने हो काटा
मेरे सँग-सँग अकसर चौंक-चौंक उठता सन्नाटा

पर फिर भी कुछ कभी न जाहिर करती हूँ इस डर से
कहीं न कोई कह दे कुछ, ये ऋतु इतनी बदनाम है!

ये फागुन की शाम है!

बादलों की पाँत

यह बादलों की पाँत भी, दुश्मन हुई जाती मुझे!

क्या न काफी था
बनाने को मुझे पागल
तुम्हारे गर्म होठों पर
सुलगता मूँगिया बादल

तुम्हारे स्पर्श के ही
जुल्म से संयम न टिक पाता
किसी गुमनाम टोने में
बँधा मैं और अकुलाता

कि इतने में किसी नादान ने,
यह भेज दी बरसात भी!
दुश्मन हुई जाती मुझे
यह बादलों की पाँत भी!

उमंगों की लहर पर
डोलता-सा जाफरानी तन
बिजलियों के अछूते फूल
के उभरे हुए सावन

जहर, जो गेसुओं की
पर्त में सौ पेंच खाता हो
कहर उस वक्त कोई
रुमझुमा कर और ढाता हो

धरा का विष सहूँ मैं
    और झेलूँ स्वर्ग का आघात भी!
दुश्मन हुई जाती मुझे
    यह बादलों की पाँत भी!

तुम्हारी साँस में बारीक
    चुम्बन की लहर छायी
        हवाओं में पिरोती
            गुदगुदी कम्बख्त पुरवाई

    उसी कमजोर क्षण में
      आ घिरे ये फूल के बादल
        उलझते आ रहे जैसे
          परस्पर नागिनों के दल!

मुझे इक साथ डँस लेते
    बदलियों के हजारों फन
        हुई जाती मुझे दुश्मन
        मुझे दुश्मन हुई जाती

  यह बादलों की पाँत भी
  दुश्मन हुई जाती मुझे!

बेला महका

फिर,
बहुत दिनों के बाद खिला बेला, मेरा आँगन महका!
फिर पाँखुरियों, कमसिन परियों
वाली अल्हड़ तरुणाई,
पकड़ किरन की डोर, गुलाबों के हिंडोर पर लहरायी,
जैसे अनचित्ते चुम्बन से
लचक गयी हो अँगड़ाई,
डोल रहा साँसों में
कोई इन्द्रधनुष बहका-बहका!
बहुत दिनों के बाद खिला बेला, मेरा आँगन महका!

हाट-बाट में, नगर-डगर में
भूले-भटके भरमाये,
फूलों के रूठे बादल फिर बाँहों में वापस आये
साँस-साँस में उलझी कोई
नागिन सौ-सौ बल खाये
ज्यों कोई संगीत पास
आ-आ कर दूर चला जाए
बहुत दिनों के बाद खिला बेला, मेरा मन लहराये!

नील गगन में उड़ते घन में
भीग गया हो ज्यों खंजन
आज न बस में, विह्वल रस में, कुछ ऐसा बेकाबू मन,

क्या जादू कर गया नया
किस शहजादी का भोलापन
किसी फरिश्ते ने फिर
मेरे दर पर आज दिया फेरा
बहुत दिनों के बाद खिला बेला, महका आँगन मेरा!

आज हवाओ नाचो, गाओ
बाँध सितारों के नूपुर,
चाँद जरा घूँघट सरकाओ, लगा न देना कहीं नजर!
इस दुनिया में आज कौन
मुझसे बढ़कर है किस्मतवर
फूलो, राह न रोको! तुम
क्या जानो जी कितने दिन पर
हरी बाँसुरी को आयी है मोहन के होठों की याद!
बहुत दिनों के बाद,
फिर, बहुत दिनों के बाद खिला बेला, मेरा आँगन महका!

फीरोजी होठ

इन फीरोजी होठों पर
बरबाद मेरी जिन्दगी
इन फीरोजी होठों पर!
गुलाबी पाँखुरी पर एक हलकी सुरमई आभा
कि ज्यों करवट बदल लेती कभी बरसात की दुपहर
इन फीरोजी होठों पर!

तुम्हारे स्पर्श की बादल-धुली कचनार नरमाई
तुम्हारे वक्ष की जादूभरी मदहोश गरमाई
तुम्हारी चितवनों में नरगिसों की पाँत शरमाई
किसी भी मोल पर मैं आज अपने को लुटा सकता
सिखाने को कहा
मुझसे प्रणय के देवताओं ने
तुम्हें आदिम गुनाहों का अजब-सा इन्द्रधनुषी स्वाद!
मेरी जिन्दगी बरबाद!

अँधेरी रात में खिलते हुए बेले-सरीखा मन
मृनालों की मुलायम बाँह ने सीखी नहीं उलझन
सुहागन लाज में लिपटा शरद की धूप-जैसा तन
पँखुरियों पर भँवर के गीत-सा मन टूटता जाता
मुझे तो वासना का
विष हमेशा बन गया अमृत
बशर्ते वासना भी हो तुम्हारे रूप से आबाद!
मेरी जिन्दगी बरबाद!

गुनाहों से कभी मैली पड़ी बेदाग तरुनाई—
सितारों की जलन से बादलों पर आँच कब आयी?
न चन्दा को कभी व्यापी अमा की घोर कजराई
बड़ा मासूम होता है गुनाहों का समर्पन भी
हमेशा आदमी
मजबूर होकर लौट आता है
जहाँ हर मुक्ति के, हर त्याग के, हर साधना के बाद!
मेरी जिन्दगी बरबाद!

बसन्ती दिन

यह छुई-मुई-सा सकुचाना
भयभीत मृगी-सा घबराना
यह नहीं लाज की वेला प्रिय,
कुंजों में छिप-छिप छेड़ रहा दोशीजा कलियों को फागुन!

लतरों के ताजे फूलों पर,
भँवरों की ताजी भूलों पर, बुनता है कोई प्रेम-सपन!
फूलों के कन्धों पर सिर धर
सो रहीं तितलियाँ अलसा कर,
कुछ चुपके से समझा जाता यह मस्त फिजाँ का सूनापन,
अम्बर से बरस रहे रिमझिम,
मनहरन निमन्त्रन, आलिंगन, मीठी मनुहारें, विष-चुम्बन!
यह नहीं लाज की वेला प्रिय,
कुंजों में छिप-छिप छेड़ रहा दोशीजा कलियों को फागुन!

गोधूली की आखिरी किरन
अम्बर की पुतली में रस बन, छिन में दिखती छिन में ओझल!
तारों की झिलमिल लाज प्रिये!
है खुल-खुल जाती आज प्रिये!
नभ के उर पर कसता जाता!
किरनों की नरम मुलायम बाँहों का अलसाया-सा बन्धन!
यह नहीं लाज की वेला प्रिय,
कुंजों में छिप-छिप छेड़ रहा दोशीजा कलियों को फागुन!

तारों के झुरमुट में छिपकर,
कुछ जादू टोना-सा पढ़कर, मनसिज ये तीर चलाता है।

वह तीर क्या कि जो चुभा नहीं!
अम्बर-गंगा में नहा रही
सुरबालाओं का हंसों का-सा दिल घायल हो जाता है,
फिर तुम कैसे सह पाओगी
यह फूल-तीर, यह नवयौवन, यह हलका मदिर बसन्ती दिन?
यह नहीं लाज की वेला प्रिय,
कुंजों में छिप-छिप छेड़ रहा दोशीजा कलियों को फागुन!

गुनाह का गीत

अगर मैंने किसी के होठ के पाटल कभी चूमे
अगर मैंने किसी के नैन के बादल कभी चूमे
महज इससे किसी का प्यार मुझको पाप कैसे हो?
महज इससे किसी का स्वर्ग मुझ पर शाप कैसे हो?

तुम्हारा मन अगर सींचूँ
गुलाबी तन अगर सींचूँ, तरल मलयज झकोरों से!
तुम्हारा चित्र खींचूँ प्यास के रंगीन डोरों से
कली-सा तन, किरन-सा मन, शिथिल सतरंगिया आँचल
उसी में खिल पड़ें यदि भूल से कुछ होठ के पाटल
किसी के होठ पर झुक जायँ कच्चे नैन के बादल
महज इससे किसी का प्यार मुझ पर पाप कैसे हो?
महज इससे किसी का स्वर्ग मुझ पर शाप कैसे हो?

किसी की गोद में सिर धर
घटा घनघोर बिखराकर, अगर विश्वास हो जाए
धड़कते वक्ष पर मेरा, अगर व्यक्तित्व खो जाए?
न हो यह वासना तो जिन्दगी की माप कैसे हो?
किसी के रूप का सम्मान मुझ पर पाप कैसे हो?
नसों का रेशमी तूफान मुझ पर शाप कैसे हो?

किसी की साँस मैं चुन दूँ
किसी के होठ पर बुन दूँ अगर अंगूर की पर्तें
प्रणय में निभ नहीं पातीं कभी इस तौर की शर्तें
यहाँ तो हर कदम पर स्वर्ग की पगडण्डियाँ घूमीं
अगर मैंने किसी की मदभरी अँगड़ाइयाँ चूमीं
अगर मैंने किसी की साँस की पुरवाइयाँ चूमीं
महज इससे किसी का प्यार मुझ पर पाप कैसे हो?
महज इससे किसी का स्वर्ग मुझ पर शाप कैसे हो?

कच्ची साँसों का इसरार

सुनो, तुम्हारी कच्ची साँसें करती हैं इसरार,
ओ गंगा-जमुनी वय वाली,
अभी छाँह से डरनेवाली,
अभी करो मत तुम रतनारी किरनों से सिंगार!

अभी-अभी यौवन ने ली है अरसौहीं अँगड़ाई!
जैसे सावन की बूँदों से घायल हो पुरवाई,
अभी नजर में लाज कसी है,
जैसे सागर की लहरों पर हो नमकीन खुमार!
अभी करो मत तुम रतनारी किरनों से सिंगार!

अभी बहकना सीख न पायी है केसर की साँस!
अभी धड़क पाये हैं दिल में बस सोलह मधुमास!
अभी आँख में शाम बसी है,
अंग-अंग में शैशव सपनों की टूटन सुकुमार!
अभी करो मत तुम रतनारी किरनों से सिंगार!

अभी शोख बचपन के पंखों में दुबका है रूप!
जैसे बादल की परतों में ढँकी सलोनी धूप!
धुआँ-धुआँ-सी उड़ती नजरें,
ज्यों घिर आये मेघदूत वाले बादल कचनार!
अभी करो मत तुम रतनारी किरनों से सिंगार!

मुग्धा

यह पान फूल-सा मृदुल वदन
बच्चों की जिद-सा अल्हड़ मन
तुम अभी सुकोमल, बहुत सुकोमल, अभी न सीखो प्यार!

कुंजों की छाया में झिलमिल
झरते हैं चाँदी के निर्झर
निर्झर से उठते बुदबुद पर
नाचा करतीं परियाँ हिलमिल
उन परियों से भी कहीं अधिक
हलका-फुलका लहराता तन!
तुम अभी सुकोमल, बहुत सुकोमल, अभी न सीखो प्यार!

तुम जा सकतीं नभ पार अभी
लेकर बादल की मृदुल तरी
बिजुरी की नव चमचम चुनरी
से कर सकतीं सिंगार अभी
क्यों बाँध रहीं सीमाओं में
यह धूप सदृश खिलता यौवन?
तुम अभी सुकोमल, बहुत सुकोमल, अभी न सीखो प्यार!

अब तक तो छाया है खुमार
रेशम की सलज निगाहों पर
हैं अब तक काँपे नहीं अधर
पाकर अधरों का मृदुल भार

सपनों की आदी ये पलकें
कैसे सह पाएँगी चुम्बन?

तुम अभी सुकोमल, बहुत सुकोमल, अभी न सीखो प्यार!
यह पान फूल-सा मृदुल बदन,
बच्चों की जिद-सा अल्हड़ मन!

तुम

तुम्हारे रंग रतनारे नैन,
तुम्हारे मद मतवारे बैन,
तुम्हारे ये जहरीले बाल,
गाल पर लहराते बेचैन!

नैन में मंजुल शिशिर प्रभात
वक्ष-स्पन्दन में झंझावात
खुले ये काले-काले केस
सघन घन अलकों में बरसात

सघन घन अलकों में बरसात
कँवल पर ज्यों भँवरों की पाँत
सुनहली सन्ध्या के चहुँ ओर
नसीली गीली काली रात

नसीली दीठ, लजीले सैन
भरे, ये अरुन गुलाबी नैन
कि जिनसे बेहिसाब अन्दाज
छलकती है मस्ती दिन-रैन

लुटातीं जो मस्ती मदहोश
उसे पी कलिकाएँ बेहोश,
बचाकर नभ के प्यासे नैन
खोलती मलय लाज के कोष

गगन-घन बादल दल में प्रान
एक कोई रिश्ता अनजान
गूँजती एक अटूटी प्यास
प्यार की भूली-सी पहचान

अगर सच पूछो मेरी प्रान!
व्यर्थ है, स्वर्ग, नरक अनुमान
तुम्हारी मुसकाहट में स्वर्ग
तुम्हारे आँसू में भगवान!

जागरण

तुम जगीं सुबह या जगा तुम्हारी पलकों बीच विहान!

पुलकित पलकों की प्रिय पाँखुरियों पर
लो सहसा ढलक गयी शबनमी नजर
अँगड़ाई ली बह चले पवन,
गूँजे भँवरों के गान!

कजरारी पुतरी पर फैला काजर
या रात-रात-भर जगी रात थककर,
सो गयी सुबह इन अलसायी-सी
पलकों पर अनजान!

फूलों की पलकों पर रवि का चुम्बन
है सुखा रहा शबनम के आँसू-कन,
आओ पलकें चूम मिटा दूँ
आलस - भरी थकान!

तुम जगीं सुबह या जगा तुम्हारी पलकों बीच विहान!

पावस-गीत

तुम चलीं प्राण जैसे धरती पर लहराये बरसात!

भौंहों में इन्द्रधनुष उज्ज्वल
अलसित पलकों की छाया में घनघोर घटा बिजली बादल!
नजरों में ताजे फूल खिले
गति में शत झंझावात चले
पलकों में हँसते दिवस चले, अलकों में उलझी रात!

साँसों में गीली पुरवाई
दिल की धड़कन में उभर रही ज्यों धीमे-धीमे तरुणाई!
पुतली में दो प्यासे मधुकर
अलकें ज्यों सरि में नील लहर
मुख की छवि जैसे निखर गया शबनम से धुल जलजात!

चन्दा के रथ का मृगछौना,
रुक गया बीच नभ में, ज्यों कोई मार गया जादू-टोना,
तुमने मुड़ कर ली अँगड़ाई
पूरब में ऊषा शरमायी
रतनारे नैनों में हँस कर छिप गया लजीला प्रात!

कोहरे-भरी सुबह

हवाओं में हलकी बौछार
सुबह में अभी नींद का रंग
गुलाबी जादू डूबे अंग
गरम बाँहों में सोया प्यार

तुम्हारा पूरा हो शृंगार
इसी से आखिर मैंने हार
—दिया जीवन का मोती फेंक
आज हम तन-तन, मन-मन एक

नशे में डूबी-डूबी रात गयी लो आने को है प्रात
स्वर्ग में बिछुड़े पंछी मिले गगन-गंगा के कूलों पर
कोहरा छाया फूलों पर!

बादलों में सूरज का कहीं
नहीं कतई कोई आभास
तितलियाँ ज्यों निज पाँखें खोल
फूल छूने का करें प्रयास,

—छू रही मेरे शीत कपोल
किसी की हलकी-हलकी साँस
नये फूलों की शहजादी
नींद में बेसुध मेरे पास

सो गयी अभी-अभी आश्वस्त, जिन्दगी यूँ तो काफी पस्त
मगर सारी कड़ुवाहट चीर
अजब-से ये रहस्यमय प्यार

लौट आते हैं बारम्बार
तोड़ते मन के सभी कगार
छोड़ जाते सतरंगी छाप सभी फौलाद-ढले यन्त्रवत् उसूलों पर!
कोहरा छाया फूलों पर!

मुक्तक

: एक :

ओस में भीगी हुई अमराइयों को चूमता
झूमता आता मलय का एक झोंका सर्द
काँपतीं-मन की मुँदी मासूम कलियाँ काँपतीं
और खुशबू-सा बिखर जाता हृदय का दर्द!

: दो :

ईश्वर न करे तुम कभी ये दर्द सहो
दर्द, हाँ अगर चाहो तो इसे दर्द कहो
मगर ये और भी बेदर्द सजा है ऐ दोस्त!
कि हाड़-हाड़ चिटख जाए मगर दर्द न हो!

: तीन :

तप्त माथे पर, नजर में बादलों को साध कर
रख दिये तुमने सरल संगीत से निर्मित अधर
आरती के दीपकों की झिलमिलाती छाँह में
बाँसुरी रक्खी हुई ज्यों भागवत के पृष्ठ पर

: चार :

फीकी-फीकी शाम हवाओं में घुटती-घुटती आवाजें
यूँ तो कोई बात नहीं पर फिर भी भारी-भारी जी है,
माथे पर दुःख का धुँधलापन, मन पर गहरी-गहरी छाया
मुझको शायद मेरी आत्मा ने आवाज कहीं से दी है!

बोआई का गीत

[कोरस-नृत्य]

गोरी-गोरी सोंधी धरती—कारे-कारे बीज
बदरा पानी दे!

क्यारी-क्यारी गूँज उठा संगीत
बोने वालो! नयी फसल में बोओगे क्या चीज ?
बदरा पानी दे!

मैं बोऊँगा वीरबहूटी, इन्द्रधनुष सतरंग
नये सितारे, नयी पीढ़ियाँ, नये धान का रंग
बदरा पानी दे!

हम बोएँगी हरी चुनरियाँ, कजरी, मेहँदी—
राखी के कुछ सूत और सावन की पहली तीज!
बदरा पानी दे!

एक पत्र

[आरम्भिक कृति]

गुँथा दिल की धड़कन में प्यार, प्यार के विषम हर्ष के बीच,
हृदय में टीस, टीस में कसक, कसक के पीत हर्ष के बीच,
जिन्दगी की बेहोशी पर मौत के शीत स्पर्श के बीच,
तुम्हारी पाती मिली अबोध, तुम्हारी पाती मिली अजान
तुम्हारी पाती मिली अजान, कि जैसे मृदु नवजीवनदान!

कि जैसे पानी की दो बूँद, धधकता भीषण रेगिस्तान
कि जैसे घिरी घटा के बीच, चपल बिजली की मृदु मुसकान
कि जैसे कटु पतझर के बीच, खिली कोमल कोंपल नादान
तुम्हारी पाती पायी प्राण, तुम्हारी पाती आयी प्राण
कि जैसे झाँके काँटों बीच कोई अल्हड़ कलिका नादान!

लिखा है तुमने भेजूँ पत्र, मगर मेरे अक्षर अनजान,
फिसल जाते हैं मुझसे दूर, सहम चुप हो जाते अरमान
फड़क उठते हैं मेरे होठ, होठ में घुट रह जाते गान,
होठ में घुट रह जाते गान, और मैं रह जाता हूँ मूक
और मैं रह जाता हूँ मूक, सिसक रह जाती हिय की हूक!

सुना है मैंने मधु के गीत सिखा देता है कवि को प्यार,
सुना है पढ़ दो आखर प्रेम कुशल बन जाता है संसार
मगर मेरे शब्दों पर आज तुम्हारे ही सपनों का भार
कि जो गति को कर देता मन्द, उलझ जाता है जैसे डोर
कि जैसे तट से टकरा टूट-फूट जाता लहरों का शोर!

उमड़ते मेरे मन में भाव, कि जैसे नयनों में घनश्याम,
उमड़ती मेरे मन में टीस, और मैं लेता हूँ जी थाम,
कि जैसे किसी प्रश्न पर भूल, लगा दे कोई पूर्ण विराम!
सत्य तो यह है दिल का दर्द, काव्य से परे शब्द से दूर
कि मन में जाने कितने भाव, मगर मैं लिखने से मजबूर

और सोचो खुद अपनी बात कि अपना प्रथम प्रेम-संलाप
सहम कर सकुच गये थे बोल, रह गया मन में मन का ताप
ग्रहण कर सका तुम्हारे शब्द, मगर यह सोच, उठा था काँप
प्रेम का वह विषमय अभिशाप, हृदय का वह भीषण तूफान
कि जिसने स्वर-द्रुम दिये उखाड़, मौन कर दिया विहग का गान

और सोचो तो पल-भर आज हमारी विकल विदा के क्षण
और वह घुटती-घुटती साँझ, गगन से बहकी-बहकी किरन
और ज्यों अभी-अभी रुक जाय न उस पागल दिल की धड़कन
काँपते होठ उमड़ते आँसू रुँधता गला और सब शान्ति
कि जैसे अर्द्धरात्रि तूफान बीच मरघट की घुटती शान्ति

और अब, अब रहने दो मौन, सुनोगी क्या तुम मेरा हाल?
नाच कर रुक जाती है पवन, उभर कर झुक जाती है डाल
डाल में खो जाती है कूक, हृदय में सो जाता भूचाल
मगर क्या कहूँ कि जीवन शून्य, मगर क्या कहूँ कि हृदय उदास?
मगर क्या मैं पछताऊँ बैठ कि तुम हो हाय न मेरे पास?

ये माना जब थीं मेरे पास, तृप्त था तन, मुग्ध था मन,
गुदगुदाता था कलियों को, कभी हँस-हँसकर मलय पवन
कि ज्यों अलसायी पलकों पर, स्वर्ण सपनों का सम्मोहन
बनी मायाविनि-सी अनजान सरल अपने जादू के जोर
खींचती थीं जीवन की नाव, मृदुल ममता की लेकर डोर

और अब, अब मैं माँझी एक अकेला दुर्बल बाहु पसार
जरा बढ़ने का करता यत्न मगर पड़ते उलटे पतवार,
लहर से उठती क्षीण कराह काँप उठती है जल की धार,
मगर झोंका खाकर हिल-डोल, डगमगा उठती मेरी नाव
कि जैसे तन-मन जीवन-प्रान हिला जाते हैं मन के भाव

मगर यह सूनापन तो नहीं, यही तो है जीवन की राह
मिलन में मादकता हो मगर विरह में भी तो कितनी चाह
अमृत में शीतलता हो किन्तु, जहर में भी तो कितना दाह
मौत की लहर-लहर पर प्राण! हजारों जीवन हैं बलिहार
तुम्हारी एक दरस की चाह! तुम्हारे सौ-सौ दरस निसार!

न मुझसे आशा रक्खो प्राण कि मैं गूँथूँगा आँसू-हार
कि मैं लेकर दो मुरझे फूल, करूँ मृत जीवन का शृंगार
कि मैं काँटों से बचने हेतु, बिछा दूँ पथ पर अपना प्यार
तुम्हारी चोट तुम्हारी भेंट, करूँ उसको रोकर स्वीकार?
नहीं इतने दुर्बल हैं प्राण, नहीं इतना दुर्बल है प्यार!

तुम्हारी चोट कि उल्कापात, सर्द है हृदय, सर्द अरमान
जम गये हैं आँखों में अश्रु, जम गये हैं होठों पर गान
सहम कर दर्द हुआ बेहोश अचेतन नीरव आकुल प्राण
अरे पर जाने क्या-क्या आज, भूल लिख गया तुम्हारे पास
मृदुल तुम किसलय-सी अनमोल, न सह पाओगी मेरा हास

रहो तुम आँसू से सन्तुष्ट, करो तुम पीड़ा पर विश्वास
तुम्हारी खातिर कह दूँ प्राण कि जीवन सूना हृदय उदास
न पहुँचे तुम्हें जरा भी ठेस, तुम्हारा भोला-सा विश्वास
ओह ओ भोली-सी विश्वास, अरी ओ मेरे मन की प्यार!
कि गीतों की प्रतिमा सस्पन्द, कि गीतों की सुन्दर आकार!

अरी आकारों की लय-गूँज, गूँज की मिटती करुण पुकार!
आज तुम मुझसे कितनी दूर, हाय तुम कितनी-कितनी दूर
कि जैसे नभ के तारे पास, सदा को दूर—सदा मजबूर!

मगर अच्छा है रानी रहो, सदा तुम दूर, न रहो समीप
न लहरों-सी घिर आओ पास, कि डूबे अटल प्यार का दीप
न झोंकों-सी लहराओ पास, कि बुझ जाए मन-मन्दिर-दीप
रहो तुम इतनी-इतनी दूर कि मन झुक सके तुम्हारी ओर
समा पाये अन्तर में प्यार, प्यार की पीर, पीर घनघोर

ताकि हम हो न पाएँ एक, बहुत आवश्यक है अन्तर
जरा दीपक जल पाए विहँस, बहुत आवश्यक सघन तिमिर
क्योंकि फूला करते हैं फूल, कि आवश्यक हैं काँटे प्रखर!
सदा इस दूरी में ही प्राण, फला-फूला करता है प्यार
सदा झूला करता है ऐक्य, डाल झूला अन्तर की डार

खत्म होने को आयी रात—बुझ गये तारे गगन उदास
नशीले गीले चारों ओर उड़ रहे फूलों के निःश्वास
उठा आता है बेबस दर्द! आह कम्बख्त हृदय के पास
शेष फिर कभी—शेष पर कभी न हो पाएगी अपनी बात
यही है प्रेम! अभी आरम्भ, अभी इब्तिदा, अभी शुरुआत!

अभी यह जहरीली शुरुआत
अभी यह सुन्दर मधुर प्रभात
और फिर घन-विस्मृति की रात
मगर तम के परदे को चीर, चन्द्रकिरनों की-सी मुसकान!
तुम्हारी पाती मिली अबोध
तुम्हारी पाती मिली अजान!

दूसरा पत्र

[उत्तर : कई वर्ष बाद]

तुम लिखती हो—
इस नयी उम्र में जाने कैसा
असमय जर्जर वृद्धापन
इस तन-मन पर बूढ़े मुरदा अजगर-सा बैठा जाता है!
मैं,
जिसे कि तुम
फूलों की मीनारों-जैसी
ताजी, सुन्दर, सुकुमार, सजल तन कहते थे
यदि आज मुझे तुम देखो तो
बेहद उदास हो जाओगे।
मेरे बाइस मधुमासों को
ढँक दिया किसी ने
मकड़ी के भूरे मटमैले जाले से,
औ' अंग-अंग में खिलने वाले
नये जवान गुलाबों की
पाँखुरियों पर
अनगिनत झुर्रियाँ
रोज-रोज बढ़ती जातीं
मैं साँसें लेती हूँ जैसे
टूटे-फूटे बरबाद मकबरे की
नींवों में दबी हुई
अभिशापग्रस्त प्रेतात्माएँ
निःश्वासें भरती हैं
अक़सर सन्नाटे में!

मैं चलती हूँ
जैसे मरने वाले की आँखों में
अकसर धुँधली छायाएँ चलती हैं!

सच कहती हूँ
विश्वास करो
वह कभी तुम्हारे सपनों पर पाँखें साधे,
निस्सीम गगन को चीर
कहीं उड़ जाने का
नित अपराजित विश्वास
न जाने किसने,
कैसे छीन लिया?
मुझमें अब
पहले-जैसी कोई बात नहीं!
हाँ, कभी-कभी
कुछ बातें याद आ जाती हैं!
किस तरह तुम्हारे सीने में
सहमी दुबकी गौरैया-सी
अपने को सात सितारों की
शहजादी समझा करती थी
किस तरह आत्मा की निश्छल गहराई से
मैंने तुमको हरदम विश्वास दिलाया था—
"जब तक बादल की लहरों पर
चन्दा का फूल तैरता है
जब तक
बर्फीले मैदानों पर
धधक रहा है ध्रुवतारा
तब तक मैं अपनी आत्मा की तरुणाई पर
भूले-भटके भी आँच नहीं आने दूँगी
यह एक जनम तो क्या
अनगिन जनमों तक—

तुम विश्वास करो–
मेरे कंचन-तन, चन्दन-मन पर
धूमिलता की रेख नहीं लग पाएगी
मेरी आत्मा के संग
तुम्हारे अमिट स्नेह का सम्बल है
मैं अपनी अन्तिम साँसों तक
जीवन से हार न मानूँगी।"

पर तुमसे कुछ न छिपाऊँगी
यदि चाहूँ भी तो
तुमसे कुछ न छिपा सकती,
मैं
आज पराजित लुटे हुए बेबस स्वर में,
स्वीकार कर रही हूँ,
मैं बिलकुल बदल गयी!
मेरे माथे पर अपने पावन होठों से
तुमने जितने विश्वास कर दिये थे अंकित
जीवन ने उनको कितनी जल्दी मिटा दिया!
आत्मा की तरुणाई
कंचन-तन, चन्दन-मन
सब महज खोखली परिभाषाएँ सिद्ध हुईं
मैं चली जा रही हूँ ऐसे
जैसे लहरों पर विवश लाश बहती जाए!
यूँ कभी-कभी
कुछ बातें सोच-सोच कर मन
बिलकुल डूबा-डूबा-सा लगने लगता है,
पर कुछ दिन मन घबराएगा
फिर धीरे-धीरे आदत ही पड़ जाएगी!

इतनी जल्दी यह टूट गिरेगा ताजमहल
इसका विश्वास तुम्हें तो क्या

खुद मुझे न था।
यदि पहले वाली मैं होती
तो मुक्त हृदय से पाँवों पर सिर रख
अपनी सारी कमजोरी आँसू में ढलका देती!
पर अब इतना भी साहस नहीं रहा मुझमें,
अपनी मजबूरी से मन-ही-मन पराजिता
अकसर इन पर, तुम पर, सारी दुनिया पर
झल्ला लेती हूँ
निष्क्रिय विद्रोह आदमी को
मन से कितनी जल्दी बूढ़ा कर देता है!

पर जाने दो,
ये छोटी-मोटी बे-महत्त्व की बातें हैं
जिनको हमने
पागलपन में
बेहद महत्त्व दे डाला था—
तुम अब भी जिनमें खोये-खोये फिरते हो!
यह सोच कभी मेरा भी मन भर आता है!
तुम मुझको चाहे जो समझो
लेकिन मेरी इतनी विनती स्वीकार करो
इन मुरदा सपनों को
सीने से चिपकाये रखने से ही अब क्या होगा?
ये मुरदा सपने
बूँद-बूँद कर के तुमको पी डालेंगे,
तुमको मैं अपनी
मजबूरी, लाचारी की
अपने कमजोर, पराजित विश्वासों की
कसम दिलाती हूँ
मेरी बस इतनी-सी विनती स्वीकार करो,
इन मुरदा सपनों को
सीने से चिपका कर रखने-भर से ही क्या होगा!

कविता की मौत

लाद कर ये आज किसका शव चले?
और इस छतनार बरगद के तले,
किस अभागिन का जनाजा है रुका,
बैठ इसके पाँयते, गरदन झुका,
कौन कहता है कि
कविता मर गयी?

मर गयी कविता
नहीं तुमने सुना?
हाँ, वही कविता
कि जिसकी आग से
सूरज बना
धरती जमी
बरसात लहरायी
और जिसकी गोद में बेहोश पुरवाई
पँखुरियों पर थमी?
वही कविता
विष्णुपद से जो निकल
और ब्रह्मा के कमण्डल से उबल
बादलों की तहों को झकझोरती
चाँदनी के रजत-फूल बटोरती
शम्भु के कैलास पर्वत को हिला
उतर आयी आदमी की जमीं पर,
चल पड़ी फिर मुसकराती

शस्य श्यामल, फूल, फल, फसलें खिलाती,
स्वर्ग से पाताल तक
जो एक धारा बन बही,
पर न आखिर एक दिन वह भी रही!
मर गयी कविता वही
एक तुलसी पत्र औ'
दो बूँद गंगाजल बिना,
मर गयी कविता, नहीं तुमने सुना?
भूख ने उसकी जवानी तोड़ दी,
उस अभागिन की अछूती माँग का सिन्दूर
मर गया बन कर तपेदिक का मरीज
और' सितारों से कहीं मासूम सन्तानें,
माँगने को भीख हैं मजबूर!
या पटरियों के किनारे से उठा,
बेचते हैं,
अधजले
कोयले!
याद आती है मुझे
भागवत की वह बड़ी मशहूर बात
जब कि ब्रज की एक गोपी
बेचने को दही निकली,
औ' कन्हैया की रसीली याद में
बिसर कर सुध-बुध
बन गयी थी खुद दही!
और ये मासूम बच्चे भी
बेचने जो कोयले निकले
बन गये खुद कोयले,
श्याम की माया!
और अब वे कोयले भी हैं अनाथ
क्योंकि उनका भी सहारा चल बसा!

भूख ने उनकी जवानी तोड़ दी!
यूँ बड़ी ही नेक थी कविता,
मगर धनहीन थी, कमजोर थी,
और बेचारी गरीबिन मर गयी!

मर गयी कविता?
जवानी मर गयी?
मर गया सूरज, सितारे मर गये
मर गये, सौन्दर्य सारे मर गये?
सृष्टि के आरम्भ से चलती हुई
प्यार की हर साँस पर पलती हुई
आदमीयत की कहानी मर गयी?
झूठ है यह!
आदमी इतना नहीं कमजोर है!
पलक के जल और माथे के पसीने से
सींचता आया सदा जो स्वर्ग की भी नींव
ये परिस्थितियाँ बना देंगी उसे निर्जीव?

झूठ है यह!

फिर उठेगा वह
और सूरज को मिलेगी रोशनी!
सितारों को जगमगाहट मिलेगी!
कफन में लिपटे हुए सौन्दर्य को
फिर किरन की नरम आहट मिलेगी!
फिर उठेगा वह,
और बिखरे हुए सारे स्वर समेट
पोंछ उनसे खून,
फिर बुनेगा नयी कविता का वितान
नये मनु के नये युग का जगमगाता गान!
भूख, खूँरेजी, गरीबी हो मगर

आदमी के सृजन की ताकत
इन सबों की शक्ति के ऊपर
और कविता सृजन की आवाज है!
फिर उभर कर कहेगी कविता—
"क्या हुआ दुनिया अगर मरघट बनी,
अभी मेरी आखिरी आवाज बाकी है,
हो चुकी हैवानियत की इन्तेहा,
आदमीयत का मगर आगाज बाकी है!
लो तुम्हें मैं फिर नया विश्वास देती हूँ,
नया इतिहास देती हूँ!
कौन कहता है कि कविता मर गयी?"

सुभाष की मृत्यु पर

दूर देश में किसी विदेशी गगन-खण्ड के नीचे
सोये होगे तुम किरनों के तीरों की शय्या पर
मानवता के तरुण रक्त से लिखा सँदेशा पाकर
मृत्यु-देवताओं ने होंगे प्राण तुम्हारे खींचे

प्राण तुम्हारे धूमकेतु-से चीर गगन-पट झीना
जिस दम पहुँचे होंगे देवलोक की सीमाओं पर
उलट गयी होगी आसन से मौत मूर्छिता होकर
और फट गया होगा ईश्वर के मरघट का सीना

और देवताओं ने लेकर ध्रुवतारों की टेक
छिड़के होंगे तुम पर तरुणाई के खूनी फूल,
खुद ईश्वर ने चीर अँगूठा अपनी सत्ता भूल
उठकर स्वयं किया होगा विद्रोही का अभिषेक!

किन्तु स्वर्ग से असन्तुष्ट तुम, यह स्वागत का शोर
धीरे-धीरे जब कि पड़ गया होगा बिलकुल शान्त,
और रह गया होगा जब वह स्वर्ग-देश एकान्त
खोल कफन ताका होगा तुमने भारत की ओर—

निराला के प्रति

वह है कारे कजरारे मेघों का स्वामी
ऐसा हुआ कि
युग की काली चट्टानों पर
पाँव जमा कर
वक्ष तान कर
शीश घुमा कर
उसने देखा
नीचे धरती का जर्रा-जर्रा प्यासा है,
कई पीढ़ियाँ
बूँद-बूँद को तरस-तरस दम तोड़ चुकी हैं,
जिनकी एक-एक हड्डी के पीछे
सौ-सौ काले अन्धड़
भूखे कुत्तों-से
आपस में
गुँथे जा रहे।
प्यासे मर जाने वालों की
लाशों की ढेरी के नीचे
कितने अनजाने
अनदेखे
सपने
जो न गीत बन पाये
घुट-घुट कर मिटते जाते हैं!
कोई अनजनमी दुनिया है
जो इन
लाशों की ढेरी को

उलट-पलट कर
ऊपर
उभर-उभर आने को
मचल रही है!
वह था कारे कजरारे मेघों का स्वामी
उसके माथे से कानों तक
प्रतिभा के मतवाले बादल लहराते थे
मेघों की वीणा का गायक
धीर-गँभीर स्वरों में बोला :
"झूम-झूम मृदु गरज-गरज घनघोर
राग अमर अम्बर में भर निज रोर।"
और उसी के होठों से
उड़ चलीं गीत की श्याम घटाएँ
पाँखें खोले
जैसे श्यामल हंसों की पातें लहराएँ!

कई युगों के बाद आज फिर
कवि ने मेघों को
अपना सन्देश दिया था
लेकिन किसी यक्ष विरही का
यह करुणा सन्देश नहीं था,
युग बदला था
और आज नव-मेघदूत को
युग-परिबर्तक कवि ने
विप्लव का गुरुतर आदेश दिया था!
बोला वह :
"ओ विप्लव के बादल
घन-भेरी गर्जन से
सजग सुप्त अंकुर
उर में पृथ्वी के, नवजीवन को
ऊँचा कर सिर ताक रहे हैं
ऐ विप्लव के बादल फिर-फिर!"

हर जलधारा
कल्याणी गंगा बन जाए
अमृत बन कर प्यासी धरती को जीवन दे,
औ' लाशों का ढेर बहा कर
उस अनजनमी दुनिया को ऊपर ले आये
जो अन्दर-ही-अन्दर
गहरे अँधियारे से जूझ रही है
और उड़ चले
वे विप्लव के विषधर बादल
जिनके प्राणों में
थी छिपी हुई अमृत की गंगा!
बीते दिन वर्ष मास.......
....
बहुत दिनों पर,
एक बार फिर
सहसा उस मेघों के स्वामी ने यह देखा,
वे विप्लव के काले बादल
एक-एक कर बिन बरसे ही
लौट रहे हैं!
जैसे थककर
सान्ध्य-विहग घर वापस आएँ
वैसे ही वे मेघदूत अब भग्नदूत-से वापस आये!

चट्टानों पर
पाँव जमा कर
वक्ष तान कर
उसने पूछा :
"झूम-झूम कर
गरज-गरज कर
बरस चुके तुम!"
अपराधी मेघों ने नीचे नयन कर लिये
और काँप कर वे यह बोले :

"विप्लव की प्रलयंकर धारा
कालकूट विष
सहन कर सके जो
धरती पर ऐसा मिला न कोई माथा!
विप्लव के प्राणों में छिपी हुई
अमृत की गंगा को
धारण कर लेने वाली
मिली न कोई ऐसी प्रतिभा,
इसीलिए हम नभ के कोने-कोने में
अब तक मँडराये
लेकिन बेबस
फिर बिन बरसे
वापस आये!
ओ हम कारे कजरारे मेघों के स्वामी
तुम्हीं बता दो
कौन बने इस युग का शंकर!
जो कि गरल हँसकर पी जाए
और जटाएँ खोल
अमृत की गंगा को भी धारण कर ले!"

उठा निराला, उन काले मेघों का स्वामी
बोला : "कोई बात नहीं है
बड़े-बड़ों ने हार दिया है कन्धा यदि तो
मेरे ही कन्धों पर होगा
अपने युग का गंगावतरण!
मेरी ही प्रतिभा को हँस कर कालकूट भी पीना होगा!"

और नये युग का शिव बन कर
उसने अपना सीना तान जटाएँ खोलीं।

एक-एक कर वे काले जहरीले बादल
उतर गये उसके माथे पर

और नयन में छलक उठी अमृत की गंगा!
और इस तरह पूर्ण हुआ यह नये ढंग का गंगावतरण!

और आज वह कजरारे मेघों का स्वामी
जहर सँभाले, अमृत छिपाये
इस व्याकुल प्यासी धरती पर
पागल-जैसा डोल रहा है,
आनेवाले स्वर्णयुगों को
अमृत कणों से सींचेगा वह
हर विद्रोही कदम
नयी दुनिया की पगडण्डी लिख देगा,
हर अलबेला गीत
मुखर स्वर बन जाएगा
उस भविष्य का
जो कि अँधेरे की परतों में अभी मूक है!
लेकिन युग ने उसको अभी नहीं समझा है
वह अवधूतों-जैसा फिरता पागल नंगा,
प्राणों में तूफान, पलक में अमृत-गंगा!
प्रतिभा में
सुकुमार सजल
घनश्याम घटाएँ
जिनके मेघों का गम्भीर अर्थमय गर्जन
है जब कभी फूट पड़ता अस्फुट वाणी में
जिसको समझ नहीं पाते हम
तो कह देते हैं
यह है केवल पागलपन
कहते हैं
चैतन्य महाप्रभु में, सरमद में,
ईसा में भी
कुछ ऐसा ही पागलपन था
उलट दिया था
जिसने अपने युग का तख्ता!

थके हुए कलाकार से

सृजन की थकन भूल जा देवता!
अभी तो पड़ी है धरा अधबनी,
अभी तो पलक में नहीं खिल सकी
नवल कल्पना की मृदुल चाँदनी,
अभी अधखिली ज्योत्स्ना की कली
नहीं जिन्दगी की सुरभि में सनी!
अभी तो पड़ी है धरा अधबनी,
अधूरी धरा पर नहीं है कहीं
अभी स्वर्ग की नींव का भी पता!
सृजन की थकन भूल जा देवता!

रुका तू, गया रुक जगत् का सृजन,
तिमिरमय नयन में डगर भूलकर
कहीं खो गयी रोशनी की किरन
अलस बादलों में कहीं सो गया
नयी सृष्टि का सातरंगी सपन
रुका तू, गया रुक जगत् का सृजन,
अधूरे सृजन से निराशा भला
किसलिए जब अधूरी स्वयं पूर्णता?
सृजन की थकन भूल जा देवता!

प्रलय से निराशा तुझे हो गयी
सिसकती हुई साँस की जालियों में
सबल प्राण की अर्चना खो गयी
थके बाहुओं में अधूरी प्रलय
औ' अधूरी सृजन-योजना खो गयी
थकन से निराशा तुझे हो गयी?
इसी ध्वंस में मूर्छित-सी कहीं
पड़ी हो नयी जिन्दगी, क्या पता?
सृजन की थकन भूल जा देवता!

कवि और अनजान पगध्वनियाँ

[छन्द संवाद]

कवि :

काली ठण्डी चट्टानों पर
उदास बैठा
मैं सोच रहा
क्या हुआ मुझे?
हैं मेरे पास सजल मोती-सी उपमाएँ
ताजे वनफूलों-सी बेदाग नयी वाणी
मेरे बस एक इशारे पर
हर-एक छन्द
पावस के मोर सरीखा नाच उठा करता!
मैं चाहूँ तो
गहराती मेघ घटाओं को
अपने छन्दों के ताने-बाने में कस लूँ!
लेकिन मेरा अभिशाप यही
हैं साधन मुझको मिले सभी कुछ कहने को
लेकिन मेरी आत्मा में अब
कुछ नहीं रहा है कहने को!
कुछ नहीं रहा है कहने को!
कुछ नहीं रहा है कहने को!
कुछ लक्ष्य नहीं, जिस पर मैं प्रत्यंचा खींचूँ
अब कोई गहरा दर्द नहीं है सहने को।

अनजान पगध्वनियाँ :

ठहरो! ठहरो! ठहरो! ठहरो! हम आते हैं

हम नयी चेतना के बढ़ते अविराम चरण!
हम मिट्टी की अपराजित गतिमय सन्तानें,
हम अभिशापों से मुक्त करेंगे कवि का मन!

कवि :

मेरी मोती-सी उपमाओं पर धूल जमी
मेरी पलकों पर स्वप्न नहीं
मकड़ी का भूरा जाला है
सबसे बढ़कर मुझको यह दंशन होता है
अकसर जीवन का सत्य द्वार मेरे आया औ' लौट गया
उससे बढ़कर
अब यह मेरा खोखला हृदय
धीरे-धीरे है भूल रहा—
"मैं कभी सत्य के चरणों का
भी प्यासा था"
अपनी कुण्ठाओं की
दीवारों में बन्दी
मैं घुटता हूँ!

अनजान पगध्वनियाँ :

ठहरो! ठहरो! ठहरो! ठहरो! हम आते हैं
हम नयी चेतना के बढ़ते अविराम चरण!
हम मिट्टी की अपराजित गतिमय सन्तानें
हम अभिशापों से मुक्त करेंगे कवि का मन!

यक्ष का निवेदन

[कालिदास के प्रति]

मैं हूँ यक्ष,
मेघदूत के छन्द-छन्द में बन्दी विरही यक्ष!
तुम हो मेरी दुखी बन्दिनी आत्मा के निर्माता,
यह वियोग के पाश बँधे जो मेरे चारों ओर
यह तड़पन, यह टीस, न जिससे कभी छूट मैं पाता!
अपनी कविता के जुनून में, वाणी के सिरमौर!
कितना बड़ा दर्द कर दिया मेरे मन पर नक्श!

तुम तो मुक्ति पा गये मुझ पर अपना दर्द बिखेर,
लेकिन हाय! दे गये मुझको युग-युग का अभिशाप!
जब-जब घिरा करेंगे नभ में ये कजरारे बादल,
मुझे झेलना होगा तब तब यह तड़पन का पाप!
नील घटा की आग मुझे बरबस कर देगी पागल,
किसका पाप मढ़ा किसके सिर? यह कवि का अन्धेर!

किस रहस्यमय जीवन में तुम लाये मुझको खींच?
सदा-सदा के लिए छिन गया मानव का संसार,
यह क्या खेल तुम्हें सूझा, ओ सपनों के शहजादे?
इस पीड़ा से कभी न होगा क्या मेरा निस्तार?
इन छन्दों से छुटकारे की कोई राह बता दे,
यह विचित्र-सी योनि, देवता और प्रेत के बीच।

मेरी प्यास न मेरी, मेरा अपना नहीं रहा मन,
यह कुबेर के कठिन शाप से ज्यादा निष्ठुर शाप

तुम दे बैठे हो, मेरी आत्मा को अनजाने में,
क्या कसूर था, ऐसा मैंने कौन किया था पाप,
छोड़ दिया जो मुझे भटकने को इस वीराने में
यह कुबेर के निर्वासन से कहीं कड़ा निर्वासन।

मेरा प्यार आज बन गया महज तुम्हारा साधन
यह तो महज तुम्हारी कविता के सपने मदमाते,
बादल, अलको और यक्षिणी, मेरे हित बेकार!
मुझे मिला क्या? घाव महज जो कभी न भरने पाते।
क्षण-भर अपनी कला अलग रख मुझ पर करो विचार
बादल झूठे, झूठ यक्षिणी, सत्य महज निर्वासन!

यह पथरीला दर्द काव्य का मुझसे सहा न जाता,
भोजपत्र की परत-परत में दबा-घुटा मेरा मन,
कविता की पाँतें नागिन बन मुझे निगलती जातीं,
धन्य तुम्हारी कला महाकवि, धन्य कला का दर्शन!
काश कि क्षण-भर इस कारा से मुझे मुक्ति मिल पाती
मेघदूत के छन्द-छन्द में मैं खुद आग लगाता!

कालिदास यदि होते, कहते, यक्ष बनो मत पागल,
व्यक्ति नहीं तुम, तुम न कल्पना, तुम कवि मन के प्यार,
तुम्हें सदैव बदा निर्वासन, नहीं कभी है मुक्ति,
अलका की यक्षिणी तुम्हारी ही तो प्यास अपार,
जग का हर सौन्दर्य तुम्हारी पीड़ा से अभिषिक्त,
तुम वह दर्द, रहा जो युग-युग से जीवन का सम्बल।

फूलों की मौत

ऐसी किस्मत रही कि जिसने
मुझको प्यार किया,
वह फूलों की मौत मर गया!

उनके होठों पर था मेरे चुम्बन का फौलाद
उनकी चोटों पर था मेरी हमदर्दी का पाप
ताकि अभागे फिर भी मुझको दे न सकें अभिशाप
ऐसी भी क्या मौत कि जिसमें मरना भी बेस्वाद
मरते क्षण भी कर न सके वे अपनी एक वसीयत
उनकी इस पूजा का मैंने यह प्रतिकार दिया!

मैंने कभी न चाहा था ये छोर मौत का छू लें
लेकिन मचल गयीं जाने कैसी भूलें अनजानी
कुछ तो तोड़-फोड़ के आदी बचपन ने जिद ठानी
कुछ तरुणाई के मौसम में अग्निफूल ही फूले
आग और बचपन ने ऐसे नये तरीके ढूँढ़े
ले चुम्बन का मोल हिचकियों का व्यापार किया!

कुचली पाँखुरियों की दर्दीली आवाजें आतीं
और स्वर्ग में मँडराते मुरदा होठों के चुम्बन
शिथिल पड़ रहा मेरा साहस, रुकती दिल की धड़कन
और इस घुटन में मेरी साँसें हैं डूबी जातीं

मैं कहता मैं चला स्वर्ग से मुझको धरती प्यारी
मैंने अपने पापों का भी नया सिंगार किया।

यह है मेरे पाप-पुण्य का सारा लेखा-जोखा
इसे जान कर मुझे प्यार करने का करना साहस
वैसे मेरी कोमलताएँ, मेरी वाणी का रस
मेरी कला, कल्पना, दर्शन यह सब केवल धोखा
खूब समझ कर जीवन में आओ वैसे मुझको क्या
मैंने तो हर-एक खिलौने को स्वीकार किया।

घबराहट की शाम

आज छोड़ सब काम-काज तुम बैठो मेरे पास!

आज अजब-सी शाम कि मेरा मन इतना घबराया,
अभी वक्त ही क्या लेकिन इतना सन्नाटा छाया!
जगह-जगह पर,
        गिर जाते बादल अलसा कर
                साँझ-तरैयों की साँसें भी ठण्डी और उदास!

ऐसा लगता आज कि मेरा सारा जीवन नष्ट
ऐसा लगता आज कि मेरी सभी साधना भ्रष्ट
मैंने हरदम
        घोंटा अपने सपनों का दम,
                आज मुझी से बदला लेती मेरे मन की प्यास!

आज छोड़ सब काम-काज तुम बैठो मेरे पास?

साँसों में उलझा दो अपनी एक अलक बारीक,
माथे पर धर हाथ शर्ट का कॉलर कर दो ठीक
धीमे-धीमे,
        और तुम्हारी ही गोदी में,
                आज आखिरी साँस तोड़ दे मेरा भी विश्वास!

झाँक रहा है चाँद इधर की खिड़की कर दो बन्द,
मरने वाला किसी गवाही का न जरूरतमन्द
हटकर, उठकर
        मुझे देखने मत दो बाहर,
                आज खुदकुशी करने पर आमादा है आकाश!
आज छोड़ सब काम-काज तुम बैठो मेरे पास!

दो आवाजें

[छन्द संवाद]

पहली आवाज

जैसे बन्द गली में अन्धे चमगादड़
दीवारों से टकरा-टकरा चीखा करते!
वैसे ही मैं इस अँधियारे में
चीख रहा!
यह बन्द गली
यह काले तम की ऊँची-ऊँची दीवारें
यह महाकाल के जबड़े-जैसा अँधियारा
मैं इनमें घुट मर जाऊँगा
कोई मुझको छुटकारा दो!
कोई मुझको...
....

(खामोशी)

कोई तो दो रोशनी
राह बतलाओ तो
मुझमें हिम्मत है
ताकत है,
पर अँधियारे के आगे
बिलकुल बेबस हूँ!
तुम!
तुम भी हो खामोश?

दूसरी आवाज़

मैं सुनती हूँ,
मैं पास तुम्हारे हूँ अब भी
तुम दूर नहीं हो मेरी ही बाँहों में हो!
लेकिन कुछ और छटपटाओ
बढ़ते आओ
अँधियारा पूरी तरह निगल लेगा तुमको
तब सारे मन्थन से निजात मिल जाएगी!

पहली आवाज

यह तुम बोलीं!
आवाज तुम्हारी है, पर यह क्या कहती हो?
आवाज तुम्हारी नहीं!
और कोई शायद
मुझको अँधियारे के भीतर से
छलता है!

दूसरी आवाज

अँधियारा तो मैं ही हूँ,
कोई और नहीं!
मैं बोल रही, तम के परदे के पीछे से
बढ़ते आओ, तुम मेरी ही बाँहों में हो!

पहली आवाज

अँधियारा हो!
पर मैं अँधियारे को तो नहीं पुकार रहा,
तुमको,
तुम जो मेरा प्रकाश हो, आत्मा हो!
रोशनी मुझे दो!

दूसरी आवाज

रोशनी? आत्मा?
यह सब एक वहम-भर है,
मैं एक चमकते अँधियारे की छाया थी,
मिट गयी चमक
हो गया लीन अँधियारा, फिर अँधियारे में
क्यों डरते हो? बढ़ते आओ!
मैं गैर नहीं
मैं कभी आत्मा बनकर तुममें रोशन थी
मैं आज अँधेरा बनकर तुमको घेरे हूँ!

पहली आवाज

अँधियारा हो?
रोशनी नहीं? प्रेरणा नहीं? आत्मा नहीं?
अँधियारा हो?
तुम जो भी हो स्वीकार मुझे
पर इस अन्धे गलियारे से छुटकारा दो
यह दर्द मौत से ज्यादा भारी पड़ता है!

दूसरी आवाज

बढ़ते आओ! बढ़ते आओ! घबराओ मत!
यह प्यास रोशनी की जो तुममें बाकी है
तुमको दर-दर भटकाती है
उसको छोड़ो
तम की बाँहों के सिवा कहीं भी चैन नहीं!

(खामोशी)

तुम चुप क्यों हो?

(खामोशी)

बोलो! बोलो! क्या चले गये?
क्या लौट गये?

(खामोशी)

उफ् मेरी बाँहों में शव-जैसा ठण्डा
कौन गिरा?
ओहो तुम हो?
आखिर मंजिल तक पहुँच गये
सब खत्म हुआ!
अब कितना शीतल है माथा
वह गर्म प्यास रोशनी, जिन्दगी, प्रतिभा की
अब नहीं रही
वह सारी तड़पन बेचैनी का कारण थी
अब मेरी बाँहों में अनन्त विश्राम करो
काफी दुःख अपने जीवन में तुमने पाया
अँधियारे का भूला-भटका पागल टुकड़ा
फिर अँधियारे की बाँहों में वापस आया।
ओ जीवन के नरमेध यज्ञ की पूर्णाहुति
अँधियारे की लपटें तुमको धीरे-धीरे खा जाएँगी
विश्राम करो!
विश्राम करो !!
विश्राम करो !!!

यह आत्मा की खूँखार प्यास

रहने दो अपने ये कुन्तल बिखरे-बिखरे
रहने दो अपनी ये नजरें उलझी-उलझी,
रहने दो अपने
भोले-से चेहरे पर ये
कुछ दर्द-भरा
कुछ टीस-भरा
खोया-सा पन,
रहने दो उसी जगह उलझा
वह आँसू जो
पलकों तक आते-आते
हिलकर सहम गया,
वे बोल कि जो इस रुँधे गले तक आ पाये,
औ' फिर अलसाकर टूट गये,
जिनकी प्रत्याशा में मूँगे के होठ अभी तक खुले हुए!
बस,
इसी तरह मखमूर उदासी के कोहरे में डूबी-सी
भारी-भारी
रहने दो अपनी ये पलकें
अधखुली मुँदी
जिनमें जादू के पिघले सतरंग धनुषों का
बेहद उदास रस छलक रहा
कितने दिन बाद,
किसी नारी की आँखों में,
मैंने वह क्वाँरी अकुलाहट
वह बेचैनी,

वह आत्मा की परतों में गुँथे
दर्द की तड़पन देखी है,
वह दर्द कि जिसकी अनमापी गहराई में
कोई विराट् अज्ञात सत्य भी घायल साँसें लेता है।
वह सत्य,
कि जिसकी भूखी आँखों का जादू
आदम की सन्तानों को हरदम पागल करता आया है!
वह युग-युग का अन्तर-मन्थन
तड़पन, अकुलाहट, बेचैनी,
दीवानापन,
सब आज सिमट आया है इन
भारी-भारी
सतरंग धनुषोंवाली
कजरारी पलकों में
जिन पर उदास फूलों के बादल छाये हैं

ठहरो अपनी गोदी में सिर रखकर क्षण-भर
मेरे जलते माथे पर सपने बिखरा दो
जादू पढ़ दो,
तब तक,
जब तक इन पलकों में
ये इन्द्रधनुष हैं तैर रहे,
जब तक कि तुम्हारी आत्मा
इस अज्ञात सत्य की किरणों से आलोकित है,
क्षण-भर में यह सम्मोहन छितरा जाएगा,
इसमें रत्ती-भर नहीं तुम्हारा दोष मगर
नारी की आत्मा इस विराट् को
बहुत देर तक नहीं ग्रहण कर पाती है!
यह आत्मा की पावनता, मन की ऊँचाई,
ये रेशम के सपने
अनजान गुफाओं में खो जाते हैं!
औरत फिर उसके बाद वही रह जाती है,

वह तुच्छ ईर्ष्या, प्रबल अहम्, वह आडम्बर,
वह ऊन सलाई के फन्दे से
जीवन का ताना-बाना बुननेवाली,
फिर सेज पलँग, ढीले तन, चुम्बन-आलिंगन पर
ये सारे
ये चाँद सितारे
इन्द्रधनुष बिक जाते हैं!

सच मानो तुमको दोष नहीं देता हूँ मैं
लेकिन इसमें रत्ती-भर भी अत्युक्ति नहीं,
नारी की आत्मा
इस विराट् को
बहुत देर तक नहीं ग्रहण कर पाती है।

लेकिन यह भी तो एक अजब मजबूरी है,
मानव की आत्मा
इस विराट् के बिना नहीं रह पाती है,
अपनी हज्जारों भूखी बाँहें फैलाकर
सपनों के पीछे-पीछे दौड़ी जाती है,
गतिरोधों से टकराती, मँडराती, बलखाती
रेगिस्तानों में बहनेवाली
घायल भूखी आँधी-सी
यह आत्मा की खूँखार प्यास,
बस किसी विराट् सत्य पर ही टिक पाती है,
वह सत्य किसी नारी की मंजुल बाँहों में ही
सीमित है
ऐसा विश्वास नहीं मुझको होता है अब!
वह कुछ बेहद कठोर, बेहद निर्मम स्वर है
जो जीवन को आगे ही खींचे जाता है,
वह स्वर जिसकी तीखी सशक्त टकराहट से
नारी की आत्मा में भी कुछ जग जाता है,

(यद्यपि इसका भी निर्णय अब तक हो न सका
नारी में आत्मा भी होती है या कि नहीं!)

फिर भी इतना तो जाहिर है
उसके जीवन में कभी-कभी ऐसे मंजुल क्षण आते हैं
कुछ दर्द-भरे
कुछ टीस-भरे
खोये-से क्षण
जिनमें वह बन जाती है फूलों की माला,
जिनमें वह बन जाती है किरनों की वंशी,
जिसके रेशे-रेशे में साँसें लेता है
कोई संगीत-भरा सपना आहिस्ते से!

इस समय तुम्हारे तन-मन अलकों-पलकों पर
संगीत-भरे सपने का जादू छाया है,
युग-युग से गहराती आती पीड़ाओं का
यह संचित रस
इस वक्त तुम्हारी आँखों में घिर आया है!
औ' मन्त्रमुग्ध नागिन-सी झूम उठी है
मेरी आत्मा की खूँखार प्यास!

पर जाने दो,
ये भारी-भारी बातें हैं,
कुछ अपने मन से हलकी-हलकी बात करो,
किस-किस रंग की लच्छी से पल्ला काढ़ोगी,
सच कहता हूँ
कन्धे का यह कत्थई फूल
गोरी-गोरी बाँहों पर बेहद फबता है,
तुम चुप क्यों हो
कुछ बात करो,
आखिर कल तो ये बातें तुमसे और किसी से
होंगी ही!

प्रतिध्वनि

यह थके कदम, यह हवा सर्द
यह जख्म चीरता हुआ दर्द
तो क्या है यह जिन्दगी, न जिससे मिलता कोई छुटकारा?
(प्रतिध्वनि)..................................कारा..........कारा!
कारा में आखिर कभी शान्ति मिलती है बरबस क्षण-भर को!
(प्रतिध्वनि)..बस क्षण-भर को!
बस क्षण-भर को!

तो किसी शर्त पर,
कहीं किसी समझौते पर
क्या कभी जिन्दगी में पल-भर भी राहत पाना मुमकिन है?
(प्रतिध्वनि)...नामुमकिन है!
नामुमकिन है!

प्रथम प्रणय

[दो दृष्टिकोण]

पहला दृष्टिकोण :

यों कथा-कहानी-उपन्यास में कुछ भी हो
इस अधकचरे मन के पहले आकर्षण को
कोई भी याद नहीं रखता
चाहे मैं हूँ, चाहे तुम हो!

कड़वा नैराश्य, विकलता, घुटती बेचैनी
धीरे-धीरे दब जाती है,
परिवार, गृहस्थी, रोजी-धन्धा, राजनीति
अखबार सुबह, सन्ध्या को पत्नी का आँचल
मन पर छाया कर लेते हैं
जीवन की यह विराट् चक्की
हर-एक नोंक को घिसकर चिकना कर देती,
कच्चे मन पर पड़नेवाली पतली रेखा
तेजी से बढ़ती हुई उम्र के
पाँवों से मिट जाती है।

यों कथा-कहानी-उपन्यास में कुछ भी हो
इस अधकचरे मन की पहली कमजोरी को
कोई भी याद नहीं रखता
चाहे मैं हूँ, चाहे तुम हो!

दूसरा दृष्टिकोण :

यों दुनिया-दिखलावे की बात भले कुछ हो
इस कच्चे मन के पहले आत्म-समर्पण को
कोई भी भूल नहीं पाता
चाहे मैं हूँ, चाहे तुम हो!

हर-एक काम में बेतरतीबी, झुँझलाहट
जल्दीबाजी, लापरवाही
या दृष्टिकोण का रूखापन
अपने सारे पिछले जीवन
पर तीखे व्यंग्य वचन कहना
या छोटे-मोटे बेमानी कामों में भी
आवश्यकता से कहीं अधिक उलझे रहना
या राजनीति, इतिहास, धर्म, दर्शन के
बड़े लबादों में मुँह ढँक लेना

इस सबसे केवल इतना जाहिर होता है
यों दुनिया-दिखलावे की बात भले कुछ हो
इस पहले-पहले पावन आत्म-समर्पण को
कोई भी भूल नहीं पाता
चाहे मैं हूँ, चाहे तुम हो!

बातचीत का एक टुकड़ा

देखा!
अब मैं पहले से कितना बेहतर हूँ :
तुम मेरी लापरवाही पर सिर धुनती थीं
अब रहन-सहन में कितनी स्वच्छ व्यवस्था है!
तरतीबवार इस ओर किताबें सजी हुईं
यह एलबम है........................
....
मैं अब अपनी शामें बरबाद नहीं करता
कुछ कामकाज में हरदम खोया रहता हूँ
....
.....................................बातें?
अब बातें करनेवाला रहा कौन?

....
हाँ हँसता हूँ, कुछ कमोबेश की बात और
या शायद पहले से भी ज्यादा हँसता हूँ
लेकिन किस पर?
यह खुद मुझको मालूम नहीं।

....
हाँ! यह तो है! शोहरत तो क्या!
कुछ और लोग पहले से ज्यादा जान गये।
जिम्मेदारी, घुलना-मिलना, हँसमुख स्वभाव, निष्कपट हृदय
तुम जैसा मुझे चाहती थीं, वैसा ही हूँ

तुम नहीं रहीं तो नहीं सही,
मुझमें रत्ती-भर दाग नहीं लगने पाए
विश्वास करो इसका मुझको
हर घड़ी ध्यान रहता ही है।
सच मानो मुझे कहीं से कोई कष्ट नहीं!

पर यह क्या पागल!
मैं बेहतर हूँ, सुख से हूँ,
फिर इसमें ऐसी कौन बात है रोने की?
जाने दो,
लो यह चाय पियो!

झील के किनारे

चल रहा हूँ मैं
कि मेरे साथ
कोई और
चलता
जा रहा है!

दूर तक फैली हुई
मासूम धरती की
सुहागन गोद में सोये हुए
नवजात शिशु के नेत्र-सी
इस शान्त नीली झील
के तट पर,
चल रहा हूँ मैं
कि मेरे साथ
कोई और
चलता
जा रहा है!

गोकि मेरे पाँव
थक कर चूर
मेरी कल्पना मजबूर
मेरे हर कदम पर
मंजिलें भी हो रही हैं

और मुझसे दूर
हजारों पगडण्डियाँ भी
उलझनें बनकर
समायी जा रही हैं
खोखले मस्तिष्क में,
लेकिन,
वह निरन्तर जो कि
चलता आ रहा है साथ
इन सबों से सर्वथा निरपेक्ष
लापरवाह
नीली झील के
इस छोर से
उस छोर तक
एक जादू के सपन-सा
तैरता जाता,
उसे छू
ओस-भीगी
कमल पाँखुरियाँ
सिहर उठतीं,
कटीली लहरियों
को लाज रँग जाती
सिन्दूरी रंग,
पुरइन की नसों में
जागता
अँगड़ाइयाँ लेता
किसी भोरी कुँआरी
जलपरी
के प्यार का सपना!
कमल लतरें
मृणालों की स्नान-शीतल
बाँह फैलाकर
उभरते फूल-यौवन के

कसे-से बन्द ढीले कर
बदलती करवटें,
इन करवटों की
इन्द्रजाली प्यास में भी
झूम लहराकर
उतरता, डूबता,
पर डूबकर भी
सर्वथा निरपेक्ष
इन सबों के बन्धनों को
चीरकर, झकझोरकर
वह शान्त नीली झील की
गहराइयों से बात करता है,
गोकि मेरा पन्थ उसका पन्थ
उसके कदम मेरे साथ
किन्तु वह गहराइयों से
बात करता चल रहा है!
सृष्टि के पहले दिवस से
शान्त नीली झील में सोयी हुई गहराइयाँ
जिनकी पलक में
युग-युगों के स्वप्न बन्दी हैं!
पर उसे मालूम है
इन रहस्यात्मक,
गूढ स्वप्नों का
सरलतम अर्थ
जिससे हर कदम
का भाग्य,
वह पहचान जाता है!

इसलिए हालाँकि मेरे पाँव थककर चूर
मेरी कल्पना मजबूर
मेरी मंजिलें भी दूर

किन्तु फिर भी
चल रहा हूँ मैं
कि, कोई और
मेरे साथ
नीली झील की
गहराइयों से बात करता चल रहा है!

मेरी परछाँही

घनी बर्फ पर,
इस ऊबड़-खाबड़ घाटी में
पाण्डवराज युधिष्ठिर के काले कुत्ते-सी
पीछे-पीछे पूँछ दबाये,
आखिर कब तक संग निभाएगी तू मेरा?
ओ मेरी परछाँही, मेरा साथ छोड़ दे!

मंजिल-दर-मंजिल
पृथ्वी को नाप-नाप कर
जाने कितने
पर्वत, घाटी, रेगिस्तानों को
यह मेरे भूखे कदम निगल आये हैं
यह मरीज की अन्तिम साँसों-सी
टेढ़ी-मेढ़ी पगडण्डी
इस पर अभी न जाने कितनी दूर
मुझे चलते जाना है!
मेरी और तुम्हारी दुनिया कितने पीछे छूट चुकी है!

यह कोई अजनबी जगत् है
जहाँ न सूरज की किरणें हैं
और न चन्दा की उजियारी
जहाँ न तारों की छाया में
दो जवान दिल धड़का करते हैं
जहाँ होठ से मदिर प्रणय संगीत

इस तरह उड़ जाते हैं
जैसे घिसती किसी पुराने बरतन से
राँगे की कलई
जहाँ खण्डहरों में
सुनसान हवाएँ सिसका करती हैं ज्यों,
कोई बूढ़ा अजगर रह-रहकर अन्तिम साँसें लेता हो!
इस दुनिया में
जाने कितनी सदियों से आभास न मिलता
किसी एक जिन्दा हस्ती का!
मैं आवाजें देता-देता कितने क्षितिज पार कर आया
लेकिन इन कमजोर दिशाओं से
प्रतिध्वनि तक लौट न पायी!
इस दुनिया में
जाने कितनी सदियों से
आभास न मिलता किसी एक जिन्दा हस्ती का!
हाँ,
कुछ प्रेत-लोक की छायाएँ तो अकसर मिल जाती हैं,
एक छाँह है
जिसके केवल
दो भूखी प्यासी बाँहें हैं,
हृदय नहीं है, कदम नहीं है, होठ नहीं हैं
इन सुनसान हवाओं में वह डोल रही है
केवल दो भूखी प्यासी बाँहें फैलाये!
एक छाँह है
जिसमें हैं केवल अँगुलियाँ,
औ' छोटा-सा मांसपिण्ड है हृदय नाम का
उन अँगुलियों की पोरों पर रक्त जमा है
वे फैली-फैली बालू पर
सदियों से लिखती जाती हैं जाने क्या-क्या?
लिखते-लिखते, लिखते-लिखते सदियाँ बीतीं
मगर न उनका एक वाक्य पूरा हो पाया,
बालू पर चलती-फिरती काली छायाएँ

उनके अक्षर-अक्षर क्षत-विक्षत कर देतीं
और अभागी अँगुलियों का यह सपना है
ये बालू के अक्षर अमर रहेंगे जैसे चाँद-सितारे!

एक छाँह है,
उसके केवल दो पलकें हैं!
उन पलकों में घायल इन्द्रधनुष के सपने
मिनिट-मिनिट पर करवट लेते
उन पलकों में अकसर खून छलक आता है,
इन पलकों में तेज नहीं है, जोत नहीं है, सत्य नहीं है,
सूनी गहन गुफाओं-सी पलकों में केवल
सात रंग के चमगादड़-से
गन्दे सपने उड़ते फिरते!
अन्धे सपने उड़ते फिरते!
उड़ते फिरते!
ऐसी जाने कितनी ही अशान्त छायाएँ
कदम-कदम पर सिर धुन-धुन कर
चीख रही हैं!
कहते हैं,
यह उन लोगों की छायाएँ हैं
जो इस पगडण्डी पर आकर भटक गये थे
जो कि अँधेरे से भागे थे
घबराये थे,
जिनके तन से लिपट गये थे काले अजगर
धरती जिनकी हड्डी-हड्डी निगल गयी थी!

और अगर कल मैं भी भटक गया ऐसे तो
अगर कहीं मेरी भी हिम्मत
कल जवाब दे बैठी ऐसे
और अजगरों ने मुझको भी चूर कर दिया

तो इस फैली-फैली खूनी बालू पर
मेरी परछाँही
तू भी ऐसी ही तड़पेगी, मँडराएगी, सिर पटकेगी,
युग-युगान्त तक!

गो यह सच है
इस रेतीले बयाबान में
आँसू से भीगे मंजुल संगीत-सरीखी
अकसर ऐसी भी आवाजें आ जाती हैं
कोई यह भी कह जाता है
सघन तिमिर को कुचल-कुचलकर
यदि मैं चलता ही जाऊँ तो
मेरे ही कदमों से जिन्दा सूर्य उगेगा
मेरे मस्तक पर शंकर का चाँद खिलेगा
अँधियारे के साँप गले का हार बनेंगे
और हवाओं पर
हलका आलोक
सत्य का
उड़ा करेगा
जादू की किरणों से
छायाओं को छूकर
पूर्ण करेगा
नयनहीन की सूनी पलकों में
सपनों के
फूल खिलेंगे
पन्थहीन को राह मिलेगी
बोल नहीं पाते जो
उनको वाणी का वरदान मिलेगा
जीवन
शरदातप में
खिलते हुए

कमल-सा
स्वच्छ बनेगा
पावन होगा
केवल यदि मैं
हार न मानूँ
कदम न रोकूँ
बढ़ता जाऊँ!
लेकिन सम्भव है
कल मेरा साहस टूटे, हिम्मत छूटे,
और भटक जाऊँ मैं अपनी पगडण्डी से
काला अजगर मुझे कुण्डलियों में मरोड़ दे
तो मेरी बेशर्म पराजय की प्रतीक-सी
ओ मेरी घायल परछाँही
तू भी ऐसे ही तड़पेगी
मँडराएगी
सिर पटकेगी
इस फैली-फैली
असीम खूनी बालू पर!

अभी वक्त है
ओ मेरी पागल परछाँही
साथ छोड़ दे!

तेरे संग रहने से
और अकेलापन खाने लगता है
जब कि वही सब साथ नहीं हैं
जिनकी पलकों में ही
पहले-पहल झलक पायी थी मैंने
इस भविष्य की,
इस यात्रा की!

किन्तु यात्रा के मुहूर्त में
भूल गये जो कदम बढ़ाना!
खेल-कूद में
भूल-चूक में
वहीं रह गये!
ओ मेरी परछाँही, मेरा मोह छोड़कर
वापस जा तू
वहीं, जहाँ से शुरू हुई थी
यह पगडण्डी!
जाकर उन लोगों को मेरी याद दिलाना
कहना बड़े अँधेरे जग में
तुमने उसको भेज दिया है
जिस दुनिया में प्रेतात्माएँ ही रहती हैं
वहाँ उसे है महज आसरा
तुम लोगों के स्नेह-प्यार का,
अगर सफर में सँग आना तुम भूल गये
तो बात नहीं कुछ
लेकिन जिसकी आत्मा में थी
तुमने यह बेचैनी भर दी,
उसको आशीर्वाद भेजना भूल न जाना
पथहीनों से मिली प्रेरणा उसे पन्थ की
पराजितों के विश्वासों में विजय मिलेगी!
कौन जानता है
वह शायद
इस सम्बल का आश्रय पाकर
महाकाल के जबड़ों में से सत्य जीतकर
गरल पान कर
अमृत लाए
वापस आए?

पर मेरी पागल परछाँही

तेरा मोह व्यर्थ है बिलकुल!
अब आगे हैं
और जहर से भरी घाटियाँ
जिनके हर पत्थर के नीचे मौत छिपी है
जिन पर नहीं मोह का कुछ भी बस चलता है!
इस मृणाल तन्तु-से नाजुक
खड्ग धार-से पतले पथ पर
अपनी परछाँही तक का तो गुजर नहीं है
इस पथ पर
मानव की घायल आत्मा सदा अकेली जाती
सत्य जीतकर वापस आती
या हिमशिखरों पर गल जाती!

घनी बर्फ पर
इस ऊबड़-खाबड़ घाटी में
पाण्डवराज युधिष्ठिर के काले कुत्ते-सी
पीछे-पीछे पूँछ दबाये
आखिर कब तक संग निभाएगी तू मेरा
ओ मेरी परछाँही
मेरा साथ छोड़ दे!

फूल, मोमबत्तियाँ, सपने

यह फूल, मोमबत्तियाँ और टूटे सपने
ये पागल क्षण,
यह कामकाज, दफ्तर-फाइल, उचटा-सा जी
भत्ता वेतन!
ये सब सच हैं!
इनमें से रत्ती-भर न किसी से कोई कम,
अन्धी गलियों में पथभ्रष्टों के गलत कदम
या चन्दा की छाया में भर-भर आनेवाली आँखें नम,
बच्चों की-सी दूधिया हँसी या मन की लहरों पर
उतराते हुए कफन!
ये सब सच हैं!

जीवन है कुछ इतना विराट्, इतना व्यापक
उसमें है सबके लिए जगह, सबका महत्त्व,
ओ मेजों की कोरों पर माथा रख-रखकर रोनेवाले
यह दर्द तुम्हारा नहीं सिर्फ, यह सब का है।
सब ने पाया है प्यार, सभी ने खोया है
सब का जीवन है भार, और सब जीते हैं,
बेचैन न हो,
यह दर्द अभी कुछ गहरे और उतरता है,
फिर एक ज्योति मिल जाती है,
जिसके मंजुल प्रकाश में सब के अर्थ नये खुलने लगते,
ये सभी तार बन जाते हैं
कोई अनजान उँगलियाँ इन पर तैर-तैर

सब में संगीत जगा देती अपने-अपने
गुँथ जाते हैं ये सभी एक़ मीठी लय में
यह कामकाज, संघर्ष, विरस कड़वी बातें,
ये फूल, मोमबत्तियाँ और टूटे सपने!

यह दर्द विराट् जिन्दगी में होगा परिणत
है तुम्हें निराशा फिर तुम पाओगे ताकत
उन अँगुलियों के आगे कर दो माथा नत
जिनके छू लेने-भर से फूल-सितारे बन जाते हैं ये मन के छाले,
ओ मेजों की कोरों पर माथा रख-रखकर रोनेवाले,
हर एक दर्द को नये अर्थ तक जाने दो!

निवेदन

[उनके प्रति जो मेरी कृतियों में मुझे ढूँढ़ेंगे]

ये कविताएँ,
यह कथा-कहानी-उपन्यास,
इनके अन्दर तुम नाहक मुझको ढूँढ़ रहे!
ये गलियाँ थीं,
इनसे होकर मैं गुजर चुका,
यह केंचुल है, जो धीरे-धीरे छूट रही!

'मैं' और 'कला'
इनकी कुछ भी अहमियत नहीं!
इन दोनों से ज्यादा विराट्
कोई तीसरा सत्य है
जिसको आत्मसात् कर पाने को
मेरी आत्मा
धीरे-धीरे
जीवन की यज्ञ-शिखाओं में पकती जाती
ओ मेरे बेजाने-पहचाने दोस्त,
कौन जाने शायद
मुझसे पहले तुम पा जाओ वह
जिसको खोज रहा हूँ मैं!
तुम भी जाने या अनजाने
चल रहे वहीं!

दुःख, दर्द और संघर्षों के माध्यम से जब
तुम भी उस सच्चाई की मंजिल तक पहुँचो
जब एक विराट् सत्य की छाया में
अभिषेक तुम्हारा हो
तब अपने चरणों पर बिखरे
क्षत-विक्षत पूजा-फूलों में ढूँढ़ना मुझे
शायद तुम मुझको पा जाओ

नाहक तुम ढूँढ़ रहे मुझको
इन कथा-कहानी-उपन्यास-कविताओं में!

□□□